Les meilleures recettes de gibier

MICHEL ORTH

Les meilleures recettes de gibier

TRADITIONS D'ALSACE

PHOTOGRAPHIES MARCEL EHRHARD

LA NUÉE BLEUE

Ce livre est dédié à Nicolas et Frédéric.

Vous pouvez notamment acheter du gibier auprès des bouchers, charcutiers et traiteurs ou au service traiteur du restaurant L'Ecrevisse, 67170 Brumath (tél: 88 51 11 08).

L'éditeur remercie les Antiquités Pfirsch,
la Brocante du bâtiment à Illkirch,
« Pavillon Christofle » et « Streisgut » à Strasbourg,
Daniel Rettig, taxidermiste,
Germain Loux, cuisinier,
Frédéric Chesneau, sommelier,
Jean-Jacques Sipp, armurier,
Francine Contini, Gérard Steinert, Jeanne Weyrich-Ott, Ingrid Kettner
ainsi que toutes les personnes amies qui ont aimablement
prêté vaisselle et accessoires.

Stylisme des photos : Josiane Weyrich
Conception graphique : L'Intranquille
Coordination éditoriale : Alexandra Bade

ISBN-2-7165-0-355-9

Une cuisine à découvrir

On voudrait, pour ces mets enchanteurs au palais, des chaudrons magiques, des cuillères en bois qui s'activent toutes seules, des sarabandes de couverts en métal rare... Ce sont pourtant de classiques ustensiles de cuisine qu'utilise Michel Orth à L'Ecrevisse, son restaurant de Brumath. Il faut dire qu'il les manie à merveille ! Maître cuisinier, il officie dans cette petite ville de la plaine alsacienne. Les forêts n'en sont guère éloignées, les prairies regorgent de lièvres, de faisans. En moins d'une heure on peut rejoindre les chasses du Dabo ou des Vosges du nord. Vous l'avez compris, Michel Orth est un bon fusil. Rabatteur depuis l'âge de treize ans, sa passion de la chasse l'a tout naturellement amené à s'intéresser de fort près à la cuisine du gibier. Les pages qui suivent nous donnent un aperçu du résultat : le cuisinier-chasseur entrouvre un vaste champ de possibilités gastronomiques. Pâtés fins, terrines en croûte dorée, luxuriants plats de venaison... la liste est longue des recettes qu'il a concoctées et soigneusement adaptées à la pratique domestique pour réaliser cet ouvrage.

Ce livre a un secret. Sous les dehors splendides et souvent impressionnants des plats, mis en valeur par tout l'art photographique de Marcel Ehrhard, deuxième compère de l'ouvrage, se cachent des recettes délicieuses mais souvent simples à réaliser. Le gibier est certes un plat tout désigné lorsque l'on a de grands événements à célébrer, mais – et cela se sait moins – il s'accommode très bien également des repas peu élaborés et participe à la réalisation de mets que l'on peut servir à toutes occasions.

C'est que Michel Orth, en nous confiant ses astuces de maître queux, a l'intention très affirmée de convaincre ses lecteurs d'une chose : la cuisine du gibier n'est pas un monde à part et s'intègre pleinement dans les circuits de la gastronomie courante. Il en veut pour preuve ses recettes elles-mêmes. Certaines d'entre elles sont de facture traditionnelle – la chasse a toujours connu en Alsace un terrain propice –, mais d'autres allient des saveurs exotiques à des gibiers du terroir ; d'autres encore n'hésitent pas à se substituer à la viande d'élevage initialement utilisée dans des plats connus de tous. Ainsi déguste-t-on des lasagnes de gibier, des rissoles de gibier au maïs et au curry, de la daube de sanglier... Les saucisses de perdrix, quant à elles, s'apprécient très bien avec une bonne choucroute, le saviez-vous ?

Râble de lièvre

aux champignons des bois

Pour 6 personnes
- 3 râbles de lièvre bardés de lard

Sauce
- 2 cl de cognac
- 5 dl de fond de gibier (cf p. 25)
- 2 dl de crème épaisse
- 50 g de confiture d'airelles

Confiture d'oignons
- 200 g de sucre
- 4 oignons
- 1 dl de vinaigre
- 2 dl de vin blanc

Galettes de maïs
- 500 g de maïs jaune en boîte
- 200 g de farine
- 5 œufs

Champignons
- 500 g de champignons (pleurotes, cèpes, girolles)
- 3 échalotes
- 1 gousse d'ail

Qui ne conserve le souvenir d'une grand-tante ou d'une bonne maman affairée à ses noirs fourneaux du dimanche, d'où s'exhalent les parfums enchanteurs d'un plat de lapin ? Cette recette vous permettra de prendre rang parmi les maîtres ès lapins ou lièvres de votre entourage ! Le râble rôti en entier est beaucoup plus gustatif que lorsqu'il cuit coupé en noisettes. Il bénéficie ici d'une note aigre-douce qui se marie bien avec les galettes de maïs et la confiture d'airelles. Alors, petits et grands, à vos assiettes !

Lardez de fines lamelles de barde les râbles de lièvre. Assaisonnez avec le sel et le poivre.
Saisissez-les dans une poêle avec de l'huile, puis enfournez 15 mn à 210°. Laissez reposer au chaud.
Préparez la sauce.
Déglacez la plaque de cuisson avec le cognac et mouillez avec le fond de gibier et la crème épaisse. Laissez réduire de moitié. Ajoutez la confiture d'airelles. Mixez et passez la sauce. Rectifiez l'assaisonnement si besoin.
Réalisez ensuite la confiture d'oignons. Mettez dans une casserole, avec le sucre et un peu d'eau, les oignons épluchés et émincés. Laissez cuire jusqu'à caramélisation.
Déglacez avec le vinaigre et le vin blanc. Puis cuire à nouveau jusqu'à complète évaporation.
Pour préparer les galettes de maïs, mixez les grains de maïs, la farine, les œufs. Salez et poivrez. Les cuire dans une poêle au beurre en formant des petits tas.
Enfin, lavez et émincez les champignons. Les poêler au beurre avec les échalotes et l'ail. Salez et poivrez.
Désossez les râbles. Tranchez-les et reconstituez sur les râbles les filets coupés. Disposez la garniture autour. Nappez la viande de sauce.

Vin conseillé : un hermitage rouge ou un lalande-de-pomerol

Civet de lièvre

Pour 6 personnes

- 1 lièvre
- 150 g de lardons coupés gros
- 250 g de champignons de Paris
- 6 tranches de pain de mie
- 12 oignons grelots
- 50 g de farine
- 1 dl de cognac
- Beurre
- Sel, poivre

Marinade

- Vin rouge
- 1 carotte
- 1 oignon
- 2 gousses d'ail
- Thym
- Laurier
- Persil en branche
- Sel, poivre

Ce grand classique de la cuisine locale se sert traditionnellement aux fêtes familiales. La préparation proposée est une vraie marinade, forte de goût : le lièvre est un gibier à la saveur des plus prononcée. A réserver aux vrais amateurs de venaison. Pour les autres, le lapin, à la viande plus neutre, se substitue aisément à celle de « l'oreillard ». Un plat goûteux dans tous les cas.

Dépouillez et videz le lièvre. Recueillez le sang et réservez le foie. Coupez le lièvre en morceaux et faites mariner 24 à 48 h dans le vin rouge avec le poivre, le thym, le laurier, l'oignon et la carotte coupés grossièrement, les deux gousses d'ail et le persil en branche. Saler.
Faites saisir les morceaux de lièvre avec les lardons. Saupoudrez de farine et colorez bien le tout. Déglacez avec la marinade en ajoutant un peu d'eau. Couvrez et laissez mijoter 1 à 2 h selon l'âge de la bête.
Poêlez le foie et ajoutez-le à la fin de la cuisson. Pendant ce temps, faites cuire des pâtes. Coupez les champignons et faites-les revenir au beurre.
Epluchez et faites cuire les oignons dans de l'eau salée avec une pincée de sucre.
Coupez le pain de mie en forme de cœur et grillez-le. Hachez le persil grossièrement.
Sortez les morceaux de lièvre de la cocotte.
Terminez la sauce en la liant avec le sang. Rectifiez l'assaisonnement. Salez, poivrez. Ajoutez le cognac.
Terminez avec une noix de beurre et passez la sauce. Recueillez les lardons de la sauce. Nappez la viande et disposez la garniture sur la viande.
Servez avec des pâtes au beurre.

Cette recette s'applique également pour le civet de biche, de sanglier et de chevreuil.

Vin conseillé : un pommard ou un cahors

Filet de lièvre en crépine

au foie d'oie, gnocchis aux herbes

Pour 6 personnes

- 2 râbles de lièvre
- 200 g de farce de porc fine
- 200 g de foie d'oie
- Crépine (membrane graisseuse et transparente qui enveloppe les viscères des veaux et des porcs)

Coulis de champignons

- 250 g de champignons de Paris
- 10 g d'oignons
- 1 dl de vin blanc
- 2 dl de crème fraîche

Gnocchis

- 100 g de semoule
- 1/2 l de lait
- 40 g de beurre
- 2 jaunes d'œufs
- Muscade
- Persil
- Ciboulette
- Sel, poivre

A la période de la chasse, les grands cuisiniers alsaciens se font fort de mettre à leur menu le lièvre à la royale, où l'animal, désossé et mariné, est farci au foie gras. Michel Orth pour sa part a décidé de transformer la recette et de ne garder que les meilleurs morceaux du lièvre (le filet). Il évite aussi la marinade qui donne au gibier cette saveur appuyée que certaines personnes ont du mal à apprécier. Une façon d'apprêter le lièvre tout aussi royale que la recette originelle pour un goût plus en douceur, qui convient à tous.

Désossez le râble de lièvre. Dénervez avec un petit couteau. Coupez le foie d'oie en lamelles de la même épaisseur que les filets désossés. Serrez le foie d'oie entre deux filets. Salez, poivrez, entourez de farce de porc et enroulez dans la crépine. Rôtir au four 15 mn à 200°.

Gnocchis aux herbes

Portez le lait à ébullition. Versez la semoule. Cuire en remuant énergiquement. Ajoutez hors du feu le sel, le poivre, les jaunes d'œufs, le beurre et les herbes hachées. Versez sur un plat beurré et laissez refroidir. Découpez et poêlez au beurre.

Coulis de champignons

Emincez les oignons et faites-les revenir au beurre. Ajoutez les champignons coupés grossièrement. Laissez cuire 20 mn et déglacez au vin blanc. Ajoutez la crème fraîche. Salez et poivrez. Mixez et gardez la sauce au chaud.
Tranchez les filets de lièvre. Dressez sur assiette préalablement nappées de sauce.

Vin conseillé : un pinot noir d'Alsace ou un mercurey

Dodine de lapin

Pour 8 personnes
- 2 lapins
- 1 l de vin blanc
- 3 tomates
- 10 feuilles de basilic
- 2 branches d'estragon
- 2 carottes
- 1 poireau
- 1 oignon
- 4 gousses d'ail
- Poivre du moulin
- Gros sel
- 1 cuillerée de grains de coriandre
- 2 feuilles de laurier
- 1 branche de thym
- 12 feuilles de gélatine

Le lapin tel que vous ne l'avez jamais mangé ! Frais, cuisiné aux petits légumes, parfumé d'été par diverses herbes et aromates. Un plat fin qui se mérite et donne la priorité au temps : la dodine nécessite une marinade d'une journée suivie d'un séjour de 12 heures au frais. Idéale pour les gourmands sachant attendre leur plaisir pour mieux le savourer... Elle peut être dressée en terrine ou en plat, selon les occasions. Dans ce dernier cas, il faut mettre moins de gélatine et servir à la cuillère. La présentation en tranche, comme c'est le cas ici, a l'avantage d'être plus soignée.

Coupez les lapins en huit.
Emincez les oignons, le poireau et les carottes.
Plongez quelques secondes les tomates dans de l'eau bouillante et tout de suite après les passer sous l'eau fraîche ; cette opération vous permettra d'éliminer facilement la peau des tomates. Coupez-les en deux et épépinez-les.
Effeuillez les branches d'estragon et de basilic. Hachez l'ail.
Faites mariner les morceaux de lapin dans le vin blanc avec tous les ingrédients cités durant 24 h.
Le lendemain, cuire les lapins dans la marinade durant 45 mn à 2 h selon l'âge.
Sortez les morceaux de lapin. Vérifiez la quantité de fond. Ajoutez les feuilles de gélatine (il faut compter 12 feuilles au litre), trempées préalablement dans l'eau froide.
Dans une terrine, disposez les morceaux de lapin désossés, ajoutez le fond et placez au réfrigérateur durant une nuit.
Au moment de servir, coupez de grosses tranches. Ce plat se mange avec une vinaigrette.

Vin conseillé : un coteaux-du-tricastin ou un saint-émilion

Goulasch de biche

aux piments doux et aux pignons de pin

Pour 6 personnes

- 1,4 kg de biche (épaule, cou, poitrine)
- 3 poivrons (1 jaune, 1 rouge, 1 vert)
- 2 oignons
- 3 gousses d'ail
- 50 g de concentré de tomates
- 2 cuillerées de farine
- 3 dl de vin blanc
- 2 dl de crème fraîche
- 2 cuillerées de paprika
- 1 cuillerée de curry
- Sel, poivre

Un vent de Hongrie souffle dans vos assiettes... Qui ne connaît la fameuse goulasch hongroise, faite à base de viande de bœuf, et relevée par l'indispensable paprika ? Utilisé sous forme de poudre, ce piment doux donne un petit air d'Europe centrale à cette recette où la viande de biche a remplacé le bœuf. Un plat aussi riche en couleurs qu'en bouquet, qui s'accompagne parfaitement de riz. Michel Orth a souvent la malice de détourner des recettes classiques – originaires de l'Alsace ou d'ailleurs – pour les adapter à la cuisson du gibier. Le résultat, original, est de ceux qui savent réjouir les papilles !

Coupez la viande de biche en gros cubes. Salez et poivrez.
Emincez les oignons et les poivrons et hachez l'ail.
Faites saisir la viande avec de l'huile dans une grande casserole jusqu'à obtenir une bonne coloration. Ajoutez les oignons que vous laisserez suer.
Saupoudrez avec la farine, le paprika, le curry, la tomate concentrée et l'ail haché.
Déglacez (rendre plus liquide) avec le vin blanc, puis mouillez avec de l'eau jusqu'à hauteur de la viande. Laissez cuire 1 h à 2 h.
15 mn avant la fin de la cuisson, ajoutez les poivrons et la crème épaisse. Décorez de pignons de pin.
Accompagnez ce plat avec du riz.

Cette recette s'adapte également au sanglier.

Vin conseillé : un chorey-les-beaunes ou un hermitage

Ravioles de biche

Fondue d'oignons

Pour 6 personnes

Pâte

- 500 g de farine
- 6 œufs
- 1 filet d'huile
- 2 pincées de sel

Farce

- 400 g de viande de biche cuite (reste de gigot, civet...)
- 2 oignons
- 2 œufs
- 1 cl de porto
- 1 gousse d'ail
- Coriande en poudre
- Thym moulu
- Poivre moulu
- Sel

Fondue d'oignons

- Pain de mie
- 100 g de beurre
- 6 oignons
- Persil haché
- Huile
- Bouillon cube

Ce petit plat sans prétention nécessite pourtant un vrai savoir-faire. L'essentiel est d'en réussir la pâte et de donner la consistance requise à la farce. Les ravioles permettent d'accommoder de façon originale les restes de viandes, ces trois fois rien que l'ancien français nommait « rabioles » puis « babioles »...

Commencez par préparer la farce : émincez les oignons, faites-les suer dans une poêle avec du beurre et laissez refroidir. Mixez la viande, les oignons, les deux œufs, le porto, l'ail haché et toutes les épices. Il faudra obtenir une consistance moelleuse, ni trop ferme, ni trop liquide.
Préparez ensuite la pâte à raviole en mélangeant tous les ingrédients. Travaillez la pâte et étalez-la le plus finement possible. Découpez des ronds d'un diamètre de huit à dix centimètres. Disposez un petit tas de farce au centre des ravioles. Recouvrez d'un autre rond de pâte que vous aurez au préalable passé à la dorure. Soudez bien les bords et faites cuire à l'eau bouillante salée, en ajoutant un peu d'huile, durant une dizaine de minutes.

Fondue d'oignons
Emincez les six oignons. Faites-les cuire dans une casserole avec moitié huile, moitié beurre. Salez et poivrez.
Posez un couvercle, et laissez une demi-heure sur un feu très doux jusqu'à l'obtention d'une coloration brun clair.
Fabriquez des petits croûtons avec le pain de mie que vous allez frire dans une poêle avec de l'huile.
Faites fondre le beurre. Ajoutez le persil, un peu de bouillon qui sera obtenu grâce au bouillon cube.
Versez sur les ravioles réchauffées à l'eau ou à la vapeur. Parsemez avec les croûtons et la fondue d'oignons.
Servez avec une salade verte.

Vin conseillé : un givry ou un rosé des Baux de Provence

Paupiettes de biche

Purée de pois cassés

Pour 6 personnes

- 1,3 kg de cuissot de biche
- 3 tranches de mie de pain trempées dans du lait
- 80 g de saindoux
- 1 oignon
- 1 carotte
- 1/2 l de vin rouge
- Concentré de tomates
- 18 pruneaux secs
- 2 dl de vin rouge
- Cannelle
- Sel, poivre

Farce

- 300 g de farce de porc
- 3 oignons
- 3 œufs
- Thym en poudre
- Muscade
- Sel, poivre

Purée

- 400 g de pois cassés
- 100 g de beurre
- 1 tranche de lard
- Lait
- 1 goutte de vinaigre
- Sel, poivre

La *erbsesupp*, soupe de pois cassés, est une collation de plein air, traditionnellement appréciée en Alsace, aussi bien des marcheurs que des chasseurs à l'issue d'une journée de battue. Plus élaborée que la soupe, la purée de pois cassés donne une note champêtre aux paupiettes de biche. Un repas qui s'inscrit dans la lignée des nourritures rustiques et rassasiantes, tout à fait à propos après une longue escapade dans la campagne hivernale.

Réservez 300 g de cuissot pour la farce. Coupez le reste en fines tranches. Aplatissez-les à l'aide d'un large couteau.
Coupez le reste en fines tranches.
Cuire les pruneaux au vin rouge avec un peu de cannelle.
Mixez la farce de porc avec les 300 g de biche.
Ajoutez les oignons sués et le pain trempé.
Assaisonnez de sel, poivre, muscade et thym en poudre.
Posez une cuillerée de farce sur une tranche de biche, enroulez et ficelez. Renouvelez l'opération autant de fois que nécessaire.
Faites dorer les paupiettes dans une cocotte avec un peu de saindoux. Ajoutez l'oignon et la carotte émincés. Après quelques minutes, la cuillerée de tomates concentrées.
Déglacez avec le vin rouge et mouillez avec de l'eau jusqu'à hauteur des paupiettes. Assaisonnez de sel et de poivre et laissez mijoter durant 1 h 30. Sortez les paupiettes. Mixez et passez la sauce.
La veille, mettez à tremper les pois cassés durant la nuit.
Mettez à cuire les pois cassés dans du lait avec une tranche de lard. Passez-les à la moulinette et ajoutez les 100 g de beurre et 1 goutte de vinaigre. Salez et poivrez.
Dressez les paupiettes sur assiette ou plat avec les différentes garnitures.

Vin conseillé : un château-chalon ou un fixin premier cru

Epaule de chevreuil farcie

Chou rouge confit et pommes « Anna »

Pour 6 personnes

- 2 kg de chevreuil dans l'épaule
- 200 g de farce de porc
- 250 g de cèpes
- 1 gousse d'ail
- Persil haché

Chou rouge confit

- 1 chou
- 40 g de saindoux ou de graisse d'oie
- 2 oignons
- 2 pommes Boscop
- 80 g de sucre
- 2 verres de vin rouge
- 2 cl de vinaigre
- Baies de genièvre
- Graines de coriandre

Pommes « Anna »

- 500 g de pommes de terre
- 200 g de beurre

Une bouchée pour le sucré, une bouchée pour le salé, un brin d'acidulé, et on recommence. Ce plat est un repas de choix pour les becs fins ! Le chou rouge confit est connu des amateurs d'oie rôtie, qu'il escorte souvent de ses feuilles croquantes. Il est intéressant de le redécouvrir aux côtés des gibiers, rôtis ou braisés. Pour un premier essai de ce type d'association, l'épaule de chevreuil farcie aux cèpes vous laissera sans doute un souvenir mémorable.

Lavez et coupez le chou en fines lamelles ainsi que les oignons.

Faites revenir les oignons dans le saindoux (utilisez une cocotte en fonte). Ajoutez le chou, le sucre, la coriandre, le genièvre, le sel et le poivre. Laissez cuire jusqu'à l'obtention d'une cuisson très avancée. Ajoutez les pommes fruits à mi-cuisson préalablement épluchées et coupées.

Déglacez au vinaigre et laissez réduire jusqu'au glaçage du chou.

Désossez l'épaule du chevreuil. Salez et poivrez.

Faites sauter les cèpes jusqu'à complète évaporation de l'eau. Ajoutez l'ail et le persil hachés. Laissez refroidir puis mélangez à la farce de porc.

Farcissez l'épaule en badigeonnant avec la farce. Roulez et ficelez. Cuire à 230° pendant 50 mn. Dégraissez la plaque à rôtir. Déglacez avec le vin rouge et le fond de gibier.

Réduisez la sauce et passez au chinois.

Pour les pommes « Anna », coupez les pommes de terre en fines rondelles. Les placer dans un plat rond et arrosez de beurre clarifié. Cuire à 180° pendant 20 mn.

Vin conseillé : un pommard ou un saint-émilion

1983
ECHEZEAUX

Baron de chevreuil

Pour 6 personnes

- 1 gigue de chevreuil
- 1/2 selle de chevreuil
- 150 g de lard blanc fumé
- 100 g de beurre
- Huile
- 5 dl de fond de gibier (cf p. 25)
- 5 cl de cognac
- Confiture d'airelles
- 1 morceau de chocolat noir
- Vinaigre de vin rouge
- Sel, poivre

Garniture

- 12 petits oignons grelots
- 3 poires cuites
- Mini-pommes fruit au naturel
- 450 g de champignons sauvages
- Ail
- Persil
- Airelles

Saint Hubert, que sa rencontre avec un cerf couronné d'une croix a déterminé dans la foi chrétienne, est depuis des siècles tenu pour le patron des chasseurs. La coutume lui dédie ce plat somptueux, digne des plus grandioses festivités. Michel Orth en renouvelle la recette. A tout seigneur tout honneur !

Piquez la selle et la gigue de lardons blancs. Salez et poivrez.
Faites rôtir la gigue 20 mn à 210°, puis 30 mn à 160°.
Faites rôtir la selle 20 mn à 210°.
Réservez les deux pièces de viande (baron) dans un endroit tiède de la cuisinière. Ils conserveront ainsi une belle couleur rosée.
Dégraissez la plaque de cuisson et déglacez au cognac. Ajoutez le fond de gibier et laissez réduire.
Rectifiez l'assaisonnement en y mettant du sel, du poivre, de la confiture d'airelles, un petit morceau de chocolat noir et le vinaigre de vin rouge. Passez la sauce au chinois.
Glacez les petits oignons grelots.
Ajoutez les poires cuites au vin rouge coupées en deux, évidées et farcies d'airelles et les mini pommes fruits au naturel.
Terminez en rajoutant les champignons sauvages sautés au beurre avec ail et persil haché.
Désossez la selle. Coupez chaque filet en tranches et les reconstituer sur la selle.
Coupez de belles tranches de gigot.
Dressez la garniture et la viande sur un grand plat. Nappez légèrement la viande de sauce.

Vin conseillé : un gevrey-chambertin ou un echezeaux

Filets de chevreuil

au gingembre confit

Pour 6 personnes

- 1 selle de chevreuil
- 175 g de gingembre
- 200 g de sucre
- Sel, poivre

Fond de gibier

- 2 kg d'os de gibier
- 100 g d'oignons
- 100 g de carottes
- 50 g de céleri rave
- Thym, laurier
- 4 grains de genièvre
- Coriandre en grains
- Muscade
- Poivre concassé
- 40 g de concentré de tomates
- 3 cuillerées de farine
- 1 l de vin rouge
- Huile

Les noisettes de chevreuil sont un plat noble, renouant avec la tradition médiévale du repas festif. On peut rêver que Marco Polo lui-même, grand voyageur de la route des épices, suggéra au maître queux alsacien d'ajouter le gingembre à la recette.

Désossez la selle de chevreuil. Conservez les os pour le fond de gibier.
Epluchez et émincez le gingembre. Le confire pendant 45 mn avec le sucre et 3 dl d'eau à feu doux. (Rajoutez de l'eau pendant la cuisson si nécessaire.)

Fond de gibier
Concassez les os de gibier et faites-les colorer dans un four bien chaud avec de l'huile.
Ajoutez les oignons, les carottes et le céleri coupés grossièrement.
Rissolez le tout au four pendant 3/4 h.
Dégraissez et farinez légèrement. Ajoutez le concentré de tomates et laissez colorer 15 mn.
Déglacez avec le vin rouge et ajoutez toutes les épices.
Mouillez avec 2 l d'eau jusqu'à hauteur des os. Laissez réduire 1 à 2 h.
Passez le fond de gibier et réservez.
Assaisonnez les filets de chevreuil et faites-les rôtir au four à 200° pendant 15 mn. Coupez les filets de chevreuil en tranches épaisses.
Dressez sur assiettes et nappez de sauce. Disposez le gingembre confit sur les filets.

Quatre purées accompagnent élégamment ce plat : une purée de céleris, une purée de coings, une purée de betteraves rouges et une purée de marrons.

Vin conseillé : un bandol ou un faugères

Filet de cerf en croûte

farci au foie d'oie

Pour 6 personnes

- 1 kg de filet de cerf désossé
- 300 g de foie d'oie frais
- 700 g de pâte feuilletée
- 2 dl de porto
- 40 g de truffes
- Essence de truffe au jus
- 1 l de fond de veau
- 80 g de beurre

Plat de roi, mets de choix, la viande de cerf se décline de la plus majestueuse manière. Pour honorer vos invités, la recette classique du bœuf Wellington est, ici, adaptée à une viande prestigieuse. L'onctuosité de la chair sauvage se marie à merveille au goût prononcé des truffes, à la finesse d'un foie gras frais. Si le coup de main fait souvent la moitié de la recette, ici la noblesse des ingrédients est le vrai garant du succès. Une idée magique pour un grand jour de fête.

Parez entièrement le filet. Fendez-le dans le sens de la longueur et farcissez-le de foie d'oie frais. Salez, poivrez.
On peut également y ajouter des lamelles de truffes.
Bien ficeler et saisir pendant 10 mn à feu vif sur tous les côtés. Laissez-le reposer et refroidir.
Puis enveloppez-le dans un feuilletage, et cuisez-le environ 20 mn (selon la grosseur).
Pour la sauce périgourdine qui l'accompagne, laissez réduire au maximum le fond de veau. Ajoutez 2 dl de porto, l'essence de truffes et les truffes hachées. Terminez avec une noix de beurre.

Vin conseillé : un santenay ou un côtes-de-blaye

Carpaccio de faon de cerf

aux noix et aux pistaches

Pour 6 personnes

- 600 g de filet de faon du quasi ou de la noix
- 150 g de noix décortiquées plus 150 g pour le beurre de noix
- 150 g de beurre
- 150 g de pistaches entières
- Huile de noix
- Vinaigre balsamique
- 2 citrons
- Poivre du moulin
- Sel de Guérande
- Pain de mie
- Ciboulette

Avec l'arrivée des beaux jours, la table se fait plus légère. Acidulé, rafraîchissant, exhalant des arômes chantants, le carpaccio originel nous vient d'Italie. Curieuse et inventive, la cuisine alsacienne, favorisée par sa position géographique, s'est souvent nourrie d'apports culinaires de toute l'Europe. Ce carpaccio de faon perpétue la tendance et met un soupçon de Méditerranée dans les assiettes en porcelaine de Sarreguemines ! Agrémenté de fruits secs, il rehausse avec piquant la chair tendre du jeune gibier. Toute viande rouge, prise de préférence dans le filet, fait aussi l'affaire de cette préparation particulièrement estivale, mais la venaison lui confère toute son originalité...

Mettez la viande 1 h au freezer pour réaliser une meilleure coupe.
Préparez le beurre de noix : mixez le beurre en pommade, ainsi que les noix. Assaisonnez de sel et de poivre. Terminez avec un jus de citron.
Tranchez la viande le plus finement possible.
Disposez sur les assiettes. Salez et poivrez.
Ajoutez un filet d'huile de noisettes, le jus de citron et le vinaigre balsamique.
Ecrasez grossièrement les pistaches et les noix. Ajoutez-les sur le carpaccio ainsi que la ciboulette hachée.
Servez avec des tranches de pain de mie grillées et tartinées au beurre de noix.

Vin conseillé : un sylvaner ou un klevner

Chartreuse de cerf

Salade d'automne

Pour 6 personnes

- 500 g de gigot de cerf (noix)
- 350 g de foie gras cuit
- 200 g de céleri rave
- 600 g de champignons sauvages
- Feuilles de salade
- Feuilles de blettes ou d'épinards
- 1 l de gelée
- Huile de noisette
- Vinaigre Melfor
- Noix et noisettes
- Raisins frais
- Tomates

Les repas de gibier évoquent le plus souvent des mets majestueux, de puissants morceaux de gigots dressés sur des plats fumants. Avec la chartreuse de cerf, la venaison ne perd rien de son prestige, mais gagne en simplicité et en légèreté. La présence du foie gras contribue à faire de cette entrée froide et très contemporaine un mets privilégié. La plus rapide des manières pour préparer la viande de cerf.

Rôtissez à four doux les morceaux de gigot de cerf durant 25 mn à thermostat 7-8.

Appliquez les feuilles de blettes blanchies contre les parois des ramequins.

Faites cuire le céleri rave à l'eau salée, puis coupez-le en fines tranches.

Coupez le gigot et le foie gras en fines tranches.

Intercalez successivement dans les ramequins foie gras, tranches de gigot refroidis et tranches de céleri.

Terminez avec la gelée liquide tiède. Mettre les ramequins garnis au frigo.

Pendant ce temps, lavez et émincez les champignons. Faites-les sauter à l'huile de noisette puis déglacez-les au vinaigre.

Disposez sur chaque assiette quelques blettes et de grandes feuilles de salade, placez au centre les chartreuses démoulées. Tout autour mettez les champignons, les noix et le raisin.

Vin conseillé : un meursault ou un gewurztraminer

Filet de cerf à la ficelle

Sauce Foyot

Pour 6 personnes
- 1 kg de filet de cerf
- 100 g de lard blanc

Bouillon
- 1 queue de bœuf
- Os de bœuf ou os de gibier
- 1 carotte
- 1 navet
- 1 oignon
- 150 g de céleri rave
- 1 gousse d'ail
- Persil, thym
- 2 feuilles de laurier
- 3 graines de girofle
- Sel, poivre

Foyot
- 300 g de beurre
- 5 jaunes d'œufs
- 50 g d'échalotes hachées
- 1 dl de vinaigre de vin blanc
- 2 dl de fond de gibier réduit (cf p. 25)
- 1 cuillère d'estragon haché
- 1 cuillère de cerfeuil haché
- 1 cuillère de persil
- Sel, poivre

La viande de gibier est de façon générale plus maigre que celle des animaux domestiques. Lorsqu'elle est cuite au bouillon, comme ce cerf à la ficelle, elle est un aliment particulièrement léger, pauvre en graisse et apte à figurer au menu des régimes les plus équilibrés.

Préparez tout d'abord le bouillon. Dans une marmite, mettez les légumes épluchés et lavés ainsi que les autres ingrédients du bouillon.
Recouvrez d'eau, salez et poivrez. Laissez cuire 2 h. Ecumez durant la cuisson.
Piquez dans le filet de cerf de fines lanières de lard blanc sur toute sa longueur. Le ficeler ensuite. Salez et poivrez.
Réalisez ensuite la sauce Foyot. Dans une casserole, mettez le beurre à clarifier en laissant fondre doucement. Dans une deuxième casserole, faites réduire durant 2 mn le vinaigre, l'estragon et les échalotes hachées. Donnez quatre tours de moulin à poivre et salez. Ajoutez les jaunes d'œufs et battez énergiquement à l'aide d'un fouet, au bord du feu. La température ne doit pas dépasser les 65°.
Lorsque l'émulsion est atteinte, ajoutez doucement le beurre tout en fouettant. (Evitez d'y verser le petit lait du fond de la casserole.) Terminez en mettant le cerfeuil, le persil, l'estragon et les 2 dl de fond de gibier réduit.
La sauce terminée, plongez le filet de cerf dans le bouillon frémissant durant 15 à 20 mn.
Veillez à ce qu'il reste bien saignant. Puis le sortir, le trancher et le servir aussitôt accompagné de la sauce Foyot.

Comme garniture, je vous conseille des légumes cuits à l'eau (comme un pot-au-feu) ou des « pommes Bataille » qui sont des frites coupées à la main de façon inégale et frites en une seule opération.

Vin conseillé : un côte-du-rhône-village ou un minervois

Cerf braisé à l'ail confit

Nouilles fraîches

Pour 6 personnes
- 1 gigot de 3 kg
- 2 cuillerées de tomates concentrées

Marinade
- Vin rouge corsé
- 50 graines de coriandre
- 10 baies de genièvre
- 8 feuilles de laurier
- 4 carottes
- 2 oignons
- 1 tête d'ail coupée en deux
- 6 clous de girofle
- Persil
- Thym
- Sel
- Poivre en grains concassés

Pâte à nouilles
- 500 g de farine
- 5 œufs
- 2 jaunes d'œufs
- 15 g de sel

Des odeurs s'échappent doucement d'une marmite frémissante, de tenaces sillons d'aromates embaument la maison : cette recette est faite pour tous ceux qui gardent la nostalgie des plats longuement mijotés... Si la cuisson très lente du gigot assure à la viande tout son fondant, l'alliance de l'ail, de la coriandre et des baies de genièvre lui donne son caractère. Un mets dont on savoure chaque bouchée.

Désossez le gigot et coupez-le en plusieurs morceaux.
Faites mariner de préférence trois à quatre jours (à une température ambiante).
Egouttez les morceaux de viande. Les saisir dans de l'huile sur toutes les surfaces. Ajoutez les légumes et les épices de la marinade et les deux cuillerées de tomates concentrées.
Saupoudrez légèrement de farine. Donnez une bonne coloration. Déglacez avec le vin de la marinade, ajoutez un peu d'eau. Salez et poivrez. Laissez cuire 3 h à couvert.
Pendant ce temps, cassez la tête d'ail et enfournez les aulx entiers (sans les éplucher), thermostat 180° durant 15 mn.
A la fin de la cuisson, coupez-les en deux.
Sortez les morceaux de viande bien tendres. Réduisez la sauce et passez-la au tamis. Rectifiez l'assaisonnement si besoin.
Préparez les nouilles. Mélangez tous les ingrédients, bien travailler la pâte et l'étaler le plus finement possible. Coupez de fines lamelles.
Cuire à l'eau bouillante salée, en ajoutant un peu d'huile.
Présentez la viande sur un plat et disposer l'ail autour.

Pour une sauce plus gélatineuse, on peut ajouter quelques pieds de porc dans la préparation.

Vin conseillé : un côtes-de-blaye ou un bellet rouge

Cuissot de marcassin

aux épices de Noël

Pour 6 personnes
- 1 cuissot de sanglier
- 2 à 3 gousses d'ail
- Epices de Noël pour pain d'épices
- 1 l de fond de gibier (cf p. 25)
- 1 dl de porto
- 1 verre de sang
- 150 g de beurre
- 1 cl de vinaigre balsamique

Purées de céleri, de marrons et de potirons
- 300 g de céleri
- 300 g de marrons
- 1 potiron
- 400 g de champignons sauvages
- 150 g de crème épaisse
- 100 g de beurre
- Sel, poivre

L'un des premiers bonheurs de l'enfance en Alsace est sans doute la découverte des petits bonshommes en pain d'épices, libéralement distribués par saint Nicolas aux enfants sages. Quand vient le temps d'accéder aux plaisirs des plus grands, on retrouve avec délice les parfums inimitables des épices dites de Noël, dans le vin chaud, servi par temps froid aux coins des rues ou durant les veillées hivernales. Le cuissot de marcassin, de structure particulièrement faisandée, supporte lui aussi à merveille les bouquets accentués de la girofle, de la muscade, du poivre et de la canelle. De quoi savourer un peu de Noël toute l'année.

Piquez d'ail le cuissot de sanglier, salez et poivrez. Faites rôtir 45 mn à 200°. Le sortir du four à 54° à cœur. Laissez reposer au chaud. Déglacez la plaque de cuisson au porto après l'avoir dégraissée.
Ajoutez une cuillerée d'épices de Noël et le fond de gibier. Liez la sauce avec un verre de sang. Passez la sauce au chinois. Rectifiez l'assaisonnement. Ajoutez le vinaigre et le beurre.
Ce plat se sert garni de purées de céleri, de marrons et de potiron. Commencez par faire cuire à l'eau le céleri épluché et coupé en morceaux. Le passer à la moulinette à légumes. Ajoutez 75 g de crème épaisse et le beurre. Assaisonnez avec la muscade, sel et poivre.
Même opération pour les marrons. Vous terminerez simplement au beurre.
Pour le potiron, enlevez la peau dure et les graines avec un grand couteau. Faites cuire à l'eau bouillante et passez à la moulinette. Ajoutez 75 g de crème et le beurre. Salez et poivrez.
Formez des petites quenelles grâce à 2 cuillères à soupe. Disposez-les autour du gigot coupé. Nappez de sauce et des champignons poêlés au beurre.

Vin conseillé : un moulis-en-médoc ou un margaux

Terrine de marcassin

aux champignons sauvages

Pour 6 personnes
- 100 g de lard blanc
- 250 g d'épaule de sanglier
- 600 g de chair de marcassin (300 g de poitrine, 300 g de gorge)
- 500 g de poitrine de porc
- Cognac et porto
- 3 échalotes
- 3 gousses d'ail
- 200 g de champignons sauvages
- 30 g de pistaches entières
- 30 g de pignons de pin
- 3 œufs
- Thym, laurier, genièvre
- Girofle moulue
- Sel nitrite
- Poivre du moulin
- 25 g de poivre vert

Chutney de quetsches
- 1 kg de quetsches
- 1 kg de sucre (roux de préférence)
- 500 g d'oignons émincés
- 200 g de raisins de Corinthe
- 50 g de gingembre râpé
- 1 l de vinaigre
- 1 cuillerée de graines de moutarde
- 1 cuillerée de grains de poivre mignonette
- 1 cuillerée de curcuma
- 1 cuillerée de curry

Les étals des bons charcutiers s'enorgueillissent souvent de succulentes terrines. Champignons et petits légumes y craquent agréablement sous la dent et enthousiasment les papilles ! La terrine de marcassin fait partie de ces entrées parfumées qu'il est aisé de réussir.

Préparez la veille la marinade et la farce.
Pour la marinade, coupez le lard blanc et l'épaule en petits dés. Ajoutez 10 g de sel nitrite et la moitié des épices, 2 cl de cognac, 5 cl de porto, 1 échalote hachée et une gousse d'ail écrasée. Laissez reposer une nuit.
Pour la farce, mixez grossièrement la poitrine de porc et la gorge de marcassin. Ajoutez les trois œufs, l'échalote et l'ail, le reste des épices et les 15 g de sel nitrite. Laissez reposer la nuit.
Le lendemain, lavez, coupez les champignons, les saisir à l'huile et assaisonnez. Ajoutez à la farce, la marinade, la viande coupée, les champignons, les pignons de pin, le poivre vert et les pistaches. Déposez cette préparation dans une terrine. Bien tasser et recouvrir d'une feuille d'aluminium.
Cuire 1 h 30 à 150° au four dans un bain-marie. La température à cœur de la terrine devra être à 65°. Vérifiez avec un thermomètre. Laissez refroidir.

Cette terrine s'accompagne d'un chutney de quetsches que vous réaliserez de la façon suivante.
Mettez tous les ingrédients dans une casserole (à l'exception des raisins). Faites cuire 1 à 2 h à feu doux en fonction de la quantité et du taux d'humidité du fruit, jusqu'à réduction maximale en pulpe. Mixez et ajoutez les raisins. Recuire 2 à 3 mn.

Vin conseillé : un coteaux champenois rouge ou un collioure

Sauté de sanglier

« Frédéric Wantz »

Pour 6 personnes

- 2 kg de sanglier (épaule, collier, poitrine)
- 1/2 l de crème fraîche
- 3 l de bouillon
- Fécule
- Huile

Marinade

- 4 oignons
- 3 gousses d'ail
- 1 gingembre frais
- 2 cuillerées de curry
- 2 cuillerées de curcuma
- 1 cuillerée de coriandre en poudre
- 2 cuillerées de poivre vert
- 1 pincée de poivre de cayenne
- 1 cuillerée de cardamone en poudre
- 2 feuilles de laurier
- 6 clous de girofle
- 1 l de vin blanc
- Gros sel

Hommage de Michel Orth à un grand-oncle hors du commun, bourlingueur et amateur de bonne chère. Le sauté de sanglier réussit l'audacieux pari de l'alliance du rustique et de l'exotique. Cette recette, qui n'hésite pas à marier la viande corsée du sanglier de terroir aux épices subtiles de l'Orient, illustre à merveille un des nombreux paradoxes de l'Alsace : ses habitants qui ne jurent que par leurs racines solidement arrimées entre Vosges et Rhin sont souvent des globe-trotters amateurs de terres lointaines. A titre emblématique, le sauté de sanglier « Frédéric Wantz » mériterait de figurer au rang des plats traditionnels alsaciens !

Coupez la viande en morceaux égaux.
Faites-les mariner 24 h avec toutes les épices, le vin blanc, les oignons et l'ail haché.
Le lendemain, égouttez les morceaux de viande.
Les saisir dans une grande casserole avec de l'huile.
Ajoutez la marinade. Mouillez avec le bouillon et laissez cuire 2 à 3 h selon l'âge de la bête.
Sortez la viande. Laissez réduire la sauce en ajoutant la crème fraîche.
Préparez la liaison avec la crème de riz ou à défaut avec de la fécule diluée dans un peu d'eau. Laissez réduire au maximum. Rectifiez l'assaisonnement avec du curry, du sel et du poivre.

Ce plat s'accompagne de riz Basmati ou chinois.

Vin conseillé : un bandol rouge ou un gevrey-chambertin premier cru

Kougelhopfs de hure de sanglier

Pour 6 personnes
- 600 g de chair de sanglier (tête, gorge, épaule)
- 1 langue de sanglier (ou autre langue)
- 200 g de jambon blanc
- 100 g de suprême de faisan ou de volaille
- 180 g de foie gras
- 1 céleri branche
- 1 carotte
- 1 oignon
- 2 gousses d'ail
- 60 g de pistaches
- Persil, thym
- Laurier
- 1 l de gelée
- 5 feuilles de gélatine
- 1/2 l de vin blanc
- 1/4 l de sauce gibier
- Sel, poivre

Vinaigrette à la truffe
- Truffes hachées
- Vinaigre de vin rouge
- Huile de noisettes
- Sel, poivre

Sous l'Ancien Régime, la hure d'un sanglier tiré revenait de droit au Burgmeister ou au Stadthalter (maire). C'est dire si la chair du buste de notre mastodonte des bois est un mets de choix. Autrefois présenté en forme de tête reconstituée, ce *presskopf* (pâté de tête alsacien) de cochon sauvage se civilise aujourd'hui sous l'apparence plus inoffensive d'un kougelhopf familier, glacé à la sauce gibier.

Faites blanchir la langue et épluchez-la.
Coupez la chair de sanglier et la langue en gros morceaux.
Faites mariner 12 h avec la carotte, l'oignon, le céleri, l'ail, le thym, le laurier, du sel, du poivre et du vin blanc.
Faites cuire les morceaux de sanglier et de langue dans un bouillon salé.
Réalisez 1 l de gelée. Faites cuire le suprême de faisan 5 mn dans le bouillon. Coupez en petits dés le jambon, le foie gras, le suprême, les morceaux de langue et de sanglier cuits. Hachez le persil et les pistaches. Rajoutez les trois-quarts de la gelée refroidie. Gardez le reste pour la finition.
Versez dans des moules à kougelhopf et laissez refroidir au minimum 6 h. Démoulez.
Faites tiédir la sauce gibier et ajoutez les feuilles de gélatine.
Nappez les kougelhopfs et remettez au réfrigérateur durant 1 h.
Lustrez avec le reste de gelée (pour obtenir une brillance).
Sur une assiette, placez le kougelhopf au centre et garnissez avec quelques tomates cerises, pignons de pin, raisins et cressonnette.

Servez avec une vinaigrette à la truffe.

Vin conseillé : du champagne ou du crémant

Daube de sanglier

à l'aigre-doux

Pour 6 personnes
- 1 gigot de sanglier
- 2 l de vin rouge corsé
- 4 gousses d'ail
- 1 oignon
- 6 morceaux de sucre
- 1 carotte
- 100 g de raisins secs
- 2 cl de vinaigre de vin rouge
- Persil, thym
- Laurier
- Poivre du moulin
- Sel

Obélix en ouvrirait des yeux ronds ! Cette daube longuement marinée ne ressemble guère à son gigot favori... Et pourtant, c'est bien de sanglier qu'il s'agit. Il est vrai qu'il y a loin, du simple rôti à la daube. L'histoire d'une civilisation, pourquoi pas ! En tout cas, voilà de quoi rendre jaloux des camps entiers de Romains... et convertir l'irréductible village gaulois à la cuisine moderne. Qu'Obélix donc se rassure : si dans nos temps éloignés nous n'avons plus, hélas, de potion magique, il nous reste quelques brassées de bonnes idées et de nombreuses hardes de sangliers. Par Toutatis !

Piquez votre gigot de sanglier de gousses d'ail coupées en quatre. Faites mariner pendant quatre jours dans le vin rouge, le thym, le laurier, les six morceaux de sucre, le persil, l'oignon émincé et la carotte coupée en rondelles. Bien poivrer, mais ne pas saler.

Sortez la viande et la sécher dans un linge propre. Salez. La saisir des deux côtés dans de l'huile très chaude. Ajoutez la marinade et laissez cuire 2 h 30 à 3 h à feu doux. Passez la sauce au chinois. Ajoutez les raisins de Corinthe trempés dans le vinaigre. Rectifiez l'assaisonnement si besoin.

Coupez la viande. Nappez de sauce aux raisins. On peut ajouter en garniture des petits oignons glacés et des lardons frits.

En accompagnement, une bonne purée de pommes de terre, de céleris et de châtaignes.

Vin conseillé : un châteauneuf-du-pape ou un patrimonio

Côtelettes de sanglier

Ragoût de tubercules

Pour 6 personnes
- 6 côtelettes provenant d'un gigot de sanglier
- 3 poivres : rose, vert, noir
- 2 dl de fond de gibier (cf p. 25)
- 3 dl de crème épaisse
- 60 g de beurre
- 2 cl de Noilly Prat ou de Martini blanc sec

Ragoût de tubercules
- 2 racines de salsifis
- 12 pommes de terre Misele (grenaille)
- 24 crosnes
- 1 céleri
- 2 carottes
- 80 g de beurre
- 40 g de sucre
- Muscade
- Persil haché

Il en va ici comme dans les spots de publicité : un coup de sonnette à la porte, des hôtes impromptus, un souper tardif à réussir. Nulle baguette magique à portée de main. Catastrophe ! Si vous avez des côtelettes de sanglier dans votre réfrigérateur, vous êtes sauvé : votre tablée sera agréablement surprise par la finesse de ce repas simple à préparer. La garniture, suggérée ici avec des légumes d'hiver, peut varier. La viande, elle, est plus goûteuse que celle des côtelettes de porc. En matière de gastronomie, le cochon est bien incapable de rivaliser avec son cousin sauvage !

Epluchez les tubercules. Taillez les carottes et le céleri en bâtonnets. Cuire chaque légume séparément.
Glacez tous les légumes au beurre en ajoutant le sucre et le persil haché. Gardez au chaud dans un légumier.
Salez et poivrez les côtelettes (utilisez les trois poivres). Les poêler dans une poêle très chaude. Sortez la viande et la garder au chaud.
Déglacez la poêle avec le Noilly Prat ou le Martini blanc sec. Ajoutez le fond de gibier, la crème épaisse. Laissez réduire. Rectifiez l'assaisonnement.
Nappez la viande de sauce et servez chaud.

Vin conseillé : un pomerol ou un saint-chinian

Chou vert farci de faisan

au foie gras d'oie et aux truffes

Pour 6 personnes
- 6 blancs de faisans (suprêmes)
- 300 g de foie d'oie cru
- 1 chou vert
- 120 g de truffes (facultatif)
- 100 g de beurre
- 60 g de ciboulette
- Sel de Guérande
- Poivre du moulin

Farce
- 200 g de foie de volaille
- 100 g de beurre
- 50 g de mie de pain
- 1 échalote
- 1 gousse d'ail
- Cognac
- Sel, poivre

Il ne tient qu'à vous de tenter cette subtile aventure culinaire, qui donne toutes ses lettres de noblesse au chou vert... Souvent décrié, relégué au rang des légumes trop communs pour plaire, il démontre ici sa capacité à s'unir à des mets plus réputés. Sous ses airs frustres, c'est un plat très fin, à déguster. Ses feuilles largement dépliées autour de la viande, le chou empêche la fuite des arômes. Il possède en outre une acidité qui rehausse le fumet de cette préparation très haute en saveur. Un mariage qui n'a rien d'une mésalliance.

Faites saisir légèrement les blancs de faisans, au beurre dans une poêle chaude. Confectionnez la farce : hachez et suez les échalotes. Ajoutez les foies de volaille, la gousse d'ail pressée. Laissez cuire 10 mn et flambez au cognac.
Passez le tout au mixer en ajoutant la mie de pain et les 100 g de beurre. Salez, poivrez.
Blanchir les feuilles de chou vert.
Tranchez le foie d'oie en six parts égales. Salez et poivrez.
Badigeonnez de farce les feuilles de chou.
Déposez une tranche de foie d'oie, un suprême de faisan et les truffes émincées. Refermez le tout et cuire à la vapeur dans un couscoussier durant 20 mn.
Pour présenter le plat, coupez les chous farcis en deux. Parsemez les assiettes chaudes de gros sel, de poivre du moulin et de la ciboulette hachée.

Vin conseillé : un crozes-hermitage rouge ou un corton-charlemagne

Suprême de faisan

Girolles et quenelles de pommes de terre

Pour 6 personnes

- 6 suprêmes de faisans
- 200 g de lard fumé
- 300 g de girolles
- 5 dl de fond de gibier (cf p. 25)
- 2 dl de crème épaisse
- 2 échalotes
- Sel, poivre

Quenelles de pommes de terre

- 500 g de pommes de terre cuites
- 200 g de pommes de terre crues
- 2 œufs
- 100 g de farine
- 50 g de persil
- Muscade
- Sel, poivre

Les sempiternels blancs de poulet ou de dinde vous font faire grise mine ? Misez sur les suprêmes de faisan. A tous les coups, l'oiseau royal ne vous décevra pas ! Ce plat est simple et rapide à préparer. La sauce aux girolles qui l'accompagne lui donne toute sa subtilité, mais ce sont les *grumbeereknepfles* et la solide tradition paysanne dont est issue cette spécialité alsacienne, à base de pommes de terre, qui ancre solidement ce plat dans la gastronomie de terroir.

Piquez les suprêmes de faisan sur leurs côtés et introduisez les lardons. Les poêler au beurre, salez et poivrez. Ajoutez les girolles à mi-cuisson ainsi que les échalotes hachées. Retirez les suprêmes au bout de sept minutes. Terminez la sauce avec le fond de gibier et la crème épaisse. Laissez réduire. Rectifiez l'assaisonnement au besoin.
Nappez les suprêmes avec la sauce et les champignons. Déposez les quenelles autour.

Quenelles de pommes de terre
Râpez et essorez la pomme de terre crue. Ajoutez la pomme de terre cuite écrasée, les œufs, la farine, le persil haché, la muscade. Salez et poivrez. Mélangez bien le tout.
Formez des petites quenelles à l'aide de deux cuillères à soupe (on peut également les réaliser en les roulant dans le creux de la main). Pochez à l'eau frémissante salée pendant 5 mn. (Si la préparation a tendance à s'émietter, rajoutez un peu de farine.) Puis égouttez les quenelles. Finissez en les dorant légèrement au beurre, dans une poêle.

Vin conseillé : un vin d'Arbois

Aumônière de faisan

au raifort

Pour 6 personnes

- 1 faisan (poule)
- 400 g de chair de faisan ou de volaille
- 200 g de crème fraîche
- 1 œuf
- 3 feuilles de blettes
- 100 g de trompettes de la mort
- 2 échalotes
- 300 g de poireaux
- 300 g de carottes
- 300 g de céleri
- 400 g de champignons de saison
- Racine de raifort
- Sel, poivre

Voilà de quoi réjouir le bon roi Henri IV : le pot-au-feu a depuis longtemps en Alsace des amateurs fort nombreux. Le raifort, condiment fort prisé dans la région rhénane, en est un agrément important ; la viande peut se manger à part, ou mêlée à la soupe, grasse et parfumée. Nappe précieuse et porcelaine fine sont les compagnons préférés de ce repas de fête. Lorsque la poule au pot est de race faisane, le plat exulte en saveur et en originalité. Gageons que le Vert Galant en aurait fait son régal...

Mixez la chair de volaille avec l'œuf et la crème. Poêlez les trompettes avec les échalotes. Mélangez le tout et assaisonnez.

Plumez, flambez et videz la poule faisane, puis désossez-la par le dos. Répartissez la chair des cuisses et des suprêmes sur tout l'intérieur de la peau. Badigeonnez de farce de volaille. Roulez le tout et disposez sur les feuilles de blettes. Enroulez et ficelez dans un film alimentaire. Pochez dans un bouillon avec les légumes taillés et les champignons pendant 30 mn à 65°-70°.

Coupez les aumônières en tranches de 1 cm d'épaisseur. Servez dans une assiette à soupe avec les légumes cuits et les champignons. Râpez au dernier moment la racine de raifort épluchée au préalable.

Vin conseillé : un hermitage blanc ou une coulée-de-serrant

Faisan aux deux choux

sur canapés à l'alsacienne

Pour 6 personnes

- 2 faisans jeunes
- 4 tranches de lard
- 2 dl de fond de gibier (cf p. 25) ou de bouillon
- 2 dl de vin blanc
- 1 carotte
- 1 oignon

Farce

- 100 g de foie de volaille ou de faisan
- 6 tranches de pain de mie
- 100 g de beurre
- 50 g d'échalotes
- 2 cl de cognac
- 400 g de choucroute cuite
- 1 chou rouge
- 2 pommes fruits
- 2,5 dl de vin rouge
- 1 oignon
- 1 clou de girofle
- 1 pincée de sucre
- 500 g de pommes de terre (pour les pommes paille)
- 200 g de raisins blancs
- 12 marrons

Vedette gastronomique, symbole culinaire, la choucroute s'habille de mille manières. Volontiers, elle fait une infidélité au cochon, son vieux compagnon. On ne le sait pas toujours, mais le faisan aux deux choux est une recette alsacienne d'ancienne tradition.

Plumez, flambez et videz le faisan.
Déposez deux tranches de lard sur chaque faisan, puis les brider. Assaisonnez et les rôtir au four pendant 40 mn, thermostat 7 (200°). A mi-cuisson, ajoutez l'oignon et la carotte coupés grossièrement.
Pour le chou rouge, faites revenir un oignon émincé, ajoutez la pincée de sucre et le clou de girofle, le chou rouge ciselé. Déglacez au vin rouge, ajoutez les pommes fruits pelées et coupées en quatre. Cuire à couvert pendant 45 mn. Gardez au chaud ; réchauffez la choucroute cuite.
Pelez et coupez les pommes de terre en fine julienne et frire à l'huile.
Grillez les tranches de pain de mie découpées en rond.
Préparez la farce pour les canapés. Faites suer les échalotes émincées, ajoutez les foies de volaille et flambez au cognac. Mixez les ingrédients en ajoutant le beurre pour obtenir une farce crémeuse. Assaisonnez. Laissez refroidir. Faites cuire les marrons dans un peu de beurre et d'eau à couvert. Déglacez la poêle à rôtir des faisans avec le vin blanc, puis le fond de gibier. Réduire au maximum pour obtenir un jus corsé de faisan. Passez la sauce au chinois et gardez au chaud. Epluchez les raisins, ajoutez à la sauce et portez à ébullition. Découpez le faisan. Disposez la farce sur les canapés. Formez des boules de choux (rouge et choucroute), en les pressant dans une petite louche.
Nappez le faisan de jus aux raisins. Disposez les pommes paille en petits tas. Ajoutez les marrons.

Vin conseillé : un riesling grand cru ou un arbois rouge

Salade de blanc de faisan

au foie gras, chanterelles

Pour 6 personnes

- 3 blancs de faisans
- 200 g de foie d'oie cru
- 400 g de chanterelles
- 400 g de champignons de Paris
- 6 fonds d'artichauts cuits
- 500 g d'asperges vertes cuites
- 3 échalotes
- Vinaigre balsamique
- Huile d'olive
- Ciboulette
- Estragon
- Persil
- 1/2 citron
- Graines de sésame
- Sel, poivre
- 1 dl de crème fraîche

Les exquises chanterelles – nom mélodieux donné par les botanistes aux girolles – ont la bonne idée de montrer leur chapeau jaune d'or alors que la chasse au faisan bat son plein. Voilà qui permet de réaliser facilement une entrée chaude digne des agapes les plus raffinées...

Préparez le tartare de champignons. Lavez et émincez les champignons de Paris. Ajoutez le jus de citron, la crème fraîche et la ciboulette hachée. Salez, poivrez.
Réalisez ensuite la salade d'artichauts. Coupez les asperges et ne gardez que les pointes. Emincez les artichauts et les deux échalotes.
Assaisonnez à l'huile d'olive et au vinaigre. Salez et poivrez.
Poêlez les blancs de faisans et coupez-les en fines tranches.
Coupez le foie d'oie en six tranches. Poêlez à l'huile très chaude. Salez et poivrez.
Passez les foies d'oie poêlés dans les graines de sésame.
Lavez les chanterelles et les poêler dans l'huile d'olive avec une échalote hachée.
Terminez avec du persil haché et quelques gouttes de vinaigre.
Disposez tous les éléments sur les assiettes selon votre imagination.

Vin conseillé : un saint-véran ou un lirac rosé

Blanquette de poule faisane

Jambonnettes de pommes de terre

Pour 6 personnes

- 2 faisans
- 250 g de champignons de Paris
- 250 g de beurre
- 250 g de crème épaisse
- 200 g de petits oignons grelots
- 1 citron
- Ciboulette
- Muscade
- Une pincée de sucre
- Sel, poivre

Bouillon de volaille

- 1 carcasse de volaille
- 2 carottes
- 2 oignons
- 1 bouquet garni
- 1 poireau
- 2 côtes de céleri en branche
- 200 g de céleri rave
- 2 clous de girofle
- Sel, poivre

Jambonnettes

- 1,5 kg de pommes de terre
- 6 jaunes d'œufs
- Farine
- Muscade
- Sel, poivre

Il est des plats qui marquent les grandes dates familiales. La blanquette en est un exemple parfait. Remplacer le veau par la poule faisane permet de réactualiser la recette. Elle se marie parfaitement avec des *bewespatzles* (jambonnettes de pommes de terre), une ancienne recette alsacienne servant de plat unique, qu'on mangeait le soir avec des compotes de fruits.

Préparez le bouillon de volaille en faisant cuire à feu doux pendant 30 mn tous les ingrédients cités.
Ajoutez les faisans coupés en six pendant 1 h. Ecumez régulièrement. Ajoutez les champignons un quart d'heure avant la fin de la cuisson.
Epluchez les oignons grelots et faites-les cuire dans une petite casserole avec un peu d'eau, du beurre et une pincée de sucre en les glaçant à blanc à la fin de cuisson.
Passez le bouillon au chinois. Récupérez les carottes et coupez-les en rondelles. Sortez les morceaux de faisan en les gardant au chaud. Faites réduire le bouillon aux trois quarts. Ajoutez la crème épaisse et assaisonnez avec le sel, le poivre et la muscade.
Pour réaliser les jambonnettes de pommes de terre, faites cuire les pommes de terre à l'eau avec la peau. Puis épluchez-les et passez-les au four.
Broyez-les dans une moulinette et ajoutez les jaunes d'œufs.
Assaisonnez et ajoutez la farine pour obtenir une pâte légère et souple.
Formez des petites jambonnettes en les roulant dans la main avec de la farine. Faites cuire à l'eau bouillante.
Dorez-les au beurre au dernier moment.
Dressez sur plat ou assiette avec les carottes, champignons, oignons grelots et les jambonnettes. Nappez de sauce. Parsemez de ciboulette hachée.

Vin conseillé : un pinot auxerrois ou un côte-de-provence rosé

Canard colvert à l'étouffée

aux quetsches et aux mirabelles

Pour 6 personnes

- 1 canard sauvage
- 1 kg de navets jaunes
- 1 carotte
- 1 oignon
- 100 g de mirabelles
- 100 g de quetsches
- 1 dl de vin blanc
- Cognac
- Porto
- Sel, poivre

Belle et noire, la cocotte en fonte est de ces objets qui semblent de tout temps avoir fait partie de l'attirail des grand-mères. Grâce à cet ustensile – ou à ses semblables –, vous allez redécouvrir le fumet mijoté de la volaille sauvage. Durant la cuisson à l'étouffée, les gouttelettes de vapeur qui perlent du couvercle retombent sur le canard, l'arrosant continuellement. Cette méthode a le double avantage d'attendrir les chairs des canards tirés tardivement, et de conserver le suc des fruits des vergers alsaciens, dont le goût s'harmonise admirablement avec la venaison.

Plumez, flambez et videz le canard. Puis bridez-le c'est-à-dire fixez les membres à l'aide d'une aiguille et de ficelle pour lui donner une belle présentation et régulariser également sa cuisson.
Assaisonnez et mettez dans une cocotte en fonte avec un peu d'huile. Puis enfournez à 200°. Laissez cuire 1 à 2 h selon l'âge du canard, en le retournant de temps en temps.
A mi-cuisson, ajoutez l'oignon et la carotte, coupés grossièrement. Par la suite, déglacez au vin blanc et ajoutez un demi-verre d'eau. Poursuivez la cuisson.
Retirez le canard. Faites réduire le fond de jus de viande. Passez au chinois. Ajoutez les mirabelles et les quetsches dénoyautées. Cuire à nouveau et terminez la sauce avec un peu de porto et de cognac.
Epluchez les navets et déposez-les dans une petite casserole en ajoutant une pincée de sucre, un petit morceau de beurre et un peu d'eau. Salez et poivrez puis recouvrez.
Faites cuire à feu doux jusqu'à glaçage des navets.

On peut également servir une purée de pommes de terre ou des pommes château (pommes de terre tournées comme les navets et rôties au four).

Vin conseillé : un aloxe-corton ou un charmes-chambertin

Galantine de canard au foie gras

aux pistaches et aux trompettes

Pour 6 personnes

- 1 canard sauvage
- 250 g de lard maigre de porc
- 250 g de viande de canard sauvage
- 200 g de foie de canard
- 70 g de trompettes séchées
- 2 œufs
- 250 g de pistaches hachées
- 50 g de pistaches entières
- Coriandre moulue
- Laurier
- Thym
- 1 bouillon cube
- Sel, poivre

La galantine, contrairement à la ballottine, se mange froide. Ce point de vocabulaire acquis, laissez-vous tenter par cette préparation délicieuse, un peu délicate à réaliser. Le résultat en vaut largement la peine et, si vous vous sentez l'âme d'un Brillat-Savarin, n'hésitez pas, cette recette est faite pour vous !

Désossez complètement le canard par le dos en faisant attention de ne pas couper dans la peau. Enlevez tous les os des ailes et des pattes, ainsi que les nerfs. Comblez les endroits de peau nue avec les 250 g de viande de l'autre canard.

Pour réaliser la farce, mixez le lard, salez, poivrez, épicez avec la coriandre moulue, le thym et le laurier. Ajoutez deux œufs, puis mélangez à la spatule les trompettes préalablement trempées dans l'eau et les pistaches entières.

Farcissez le canard désossé. Posez au centre de belles tranches de foie de canard.Salez et poivrez. Couvrez du reste de la farce. Formez la galantine en rabattant la peau. Enroulez dans un film alimentaire, ficelez et faites cuire dans un bouillon (obtenu avec les bouillons cubes) pendant 1 h 30. La température de bouillon ne doit pas excéder 80°. (La température à cœur de la galantine devra être de 65°.) Laissez refroidir 24 h. Roulez la galantine dans les pistaches hachées. Coupez en tranche.

Vin conseillé : un gewurztraminer ou un vouvray demi-sec

Croustillants d'aiguillettes
de canard sauvage

Pour 6 personnes
- 3 poitrines de canards sauvages
- 300 g de lard fumé
- 3 foies de canards sauvages
- 150 g de champignons de Paris
- 150 g de mie de pain
- 2 œufs
- 4 échalotes
- 1 gousse d'ail
- 6 feuilles de pâte à fillo ou feuilles de brick
- 200 g d'épinards frais
- 200 g de beurre
- Sel, poivre

De saveur plus affirmée que son confrère des basses-cours, le canard sauvage est cependant de chair délicate. Les aiguillettes en sont la partie la plus tendre : il s'agit, pour la viande rouge, de l'équivalent des suprêmes (ce que l'on appelle le « blanc » du poulet par exemple). La recette des « croustillants » est impossible à réussir avec la cuisse, qui a besoin d'être cuite plus longtemps, en civet par exemple. Cette manière de réaliser la farce s'approprie à toutes les volailles : une bonne idée à réutiliser avec les pigeons, cailles ou perdreaux, mais aussi les chapons ou les dindes...

Pour réaliser la farce, coupez le lard en gros dés, puis les poêler en ajoutant les champignons et les foies de canards hachés ainsi que les échalotes, l'ail haché très fin, la mie de pain et les deux œufs.
Assaisonnez avec le sel, le poivre et la muscade. Mélangez bien le tout afin d'obtenir une farce légère et homogène.
Lavez les épinards et les cuire 2 mn avec du beurre dans une poêle couverte. Laissez refroidir. Faites fondre le beurre pour badigeonner les feuilles de fillo. Désossez les aiguillettes, les saler, poivrer et les saisir à feu vif.
Disposez la farce sur les feuilles de fillo. Placez ensuite les filets de canard et les épinards.
Recouvrir à nouveau de farce. Fermez les croustillants en portefeuille et rebadigeonnez au beurre.
Cuire au four 15 mn à 190°.
Servez avec un jus de canard et des pommes paille (pommes de terre coupées en fines lamelles et frites).

Vin conseillé : un chinon ou un morgon

Boudins de perdreaux au foie gras

Galettes de pommes « ciel et terre »

Boudins de perdreaux

Pour environ 20 boudins

- 100 g de gorge de porc
- 100 g de chair de perdreaux
- 250 g de blanc de volaille
- 150 g de foie cru de canard
- 200 g de mie de pain trempée dans du lait
- 4 œufs
- 100 g de beurre
- 1,5 cl de cognac
- Truffes (facultatif)
- 250 g de suprêmes (blancs) de perdreaux coupés en morceaux et marinés au cognac
- 2 mètres de boyau d'agneau
- Sel, poivre

Galettes de pommes de terre

- 400 g de pommes fruits
- 500 g de pommes de terre
- Persil haché
- 2 œufs
- Sel, poivre

Grésillement des boudins dans la poêle. Crépitement des pommes en train de frire. En Alsace, tout le monde connaît les *grumbeer-erekechle*, ou galettes de pommes de terre. Lorsque les pommes fruits s'acoquinent aux pommes des champs – alliance du ciel et de la terre – comme dans cette recette dérivée d'une ancienne tradition d'Alsace du nord, elles s'enrichissent d'une vraie fragrance d'automne. Un petit plat subtilement relevé de foie gras.

Boudins de perdreaux

Dans un mixer puissant, mixez tous les éléments exceptés les petits morceaux de perdreaux crus que vous ajouterez hors mixer. Bien assaisonner. Faites un essai en pochant une noix de farce dans de l'eau frémissante à 80°. Goûtez et rectifiez l'assaisonnement au besoin. Rincez les boyaux dans de l'eau tiède. Remplissez une poche munie d'une douille lisse de farce. L'opération suivante se réalise plus facilement en s'effectuant à deux, l'un tenant la poche, l'autre remplissant le boyau de farce. Ficelez le boyau dès que 10 cm sont atteints. Avant de cuire les boudins, piquez les avec une aiguille à coudre pour laisser échapper l'air. Faire cuire 20 mn dans l'eau à 80°.

Poêlez les boudins à la graisse d'oie de préférence.

Galettes de pommes « ciel et terre »

Pelez et râpez les pommes de terre et les pommes fruits. Si besoin, jetez l'excédent d'eau. Ajoutez le persil, les deux œufs, salez et poivrez. Formez des petits tas dans une poêle bien chaude avec de l'huile. Retournez à mi-cuisson. Dressez les boudins et les galettes sur un plat.

Accompagnez d'un jus de perdreaux.

Vin conseillé : un savenières ou un condrieu

Salmis de perdreaux

sur canapés, navets confits

Pour 6 personnes

- 6 perdreaux
- 250 g de foie gras
- 6 tranches de pain de mie
- 1 kg de graisse d'oie
- 1 carotte
- 1 oignon
- 2 cl de porto
- 1 cl de cognac

Navets confits

- 500 g de navets salés
- 1 oignon
- 2 dl de vin blanc
- 50 g de sucre
- 50 g de beurre
- Coriandre en grains
- 1 feuille de laurier
- Grains de genièvre
- 50 g de saindoux
- 2 gousses d'ail
- Sel, poivre

Les *suri rave* (navets confits) livrent dans le nord de l'Alsace une âpre concurrence au chou. Délicieusement apprêtés, ils remplacent avec originalité le roi des légumes alsaciens dans la ronde des « choucroutes ». C'est ce qui a donné l'idée à Michel Orth de servir des navets confits avec les perdreaux, traditionnellement servis avec du chou fermenté. Autre atout de cette recette : sa cuisson longue durée permet d'assouplir la chair du volatile, dont la période de chasse est plus tardive que par le passé.

Plumez, flambez et videz les perdreaux. Levez les filets et les cuisses et gardez la carcasse pour la sauce.
Faites cuire les cuisses dans la graisse d'oie pendant deux heures.
Faites saisir les carcasses dans de l'huile au four à 80°. Ajoutez la carotte et l'oignon. Déglacez au vin blanc. Mouillez à l'eau et laissez réduire. Assaisonnez et ajoutez 2 cl de porto et 1cl de cognac.
Passez au chinois et réservez le jus de perdreau.
Emincez et faites suer l'oignon dans le saindoux. Ajoutez les navets salés lavés et le sucre. Mettez toutes les épices et l'ail dans un linge ficelé. Mouillez au vin blanc et ajoutez la bourse d'épices. Laissez cuire à couvert pendant 1 h.
Terminez la cuisson sur feu vif afin de bien les glacer. Ajoutez un peu de sucre si nécessaire et compensez avec un peu de vinaigre.
Faites saisir rapidement les suprêmes de perdreaux au beurre. Les laisser rosés.
Etalez le foie gras sur les toasts grillés coupés en rond et placez-les au milieu des assiettes.
Déposez les salmis de perdreaux. Nappez de jus et disposez les navets autour.

Vin conseillé : un pauillac ou un saint-julien

Cailles farcies

aux ris de veau et aux morilles

Pour 6 personnes
- 6 cailles

Farce
- 400 g de chair de faisan ou de volaille
- 250 g de ris de veau
- 2 œufs
- 200 g de crème liquide
- 150 g de morilles
- 2 échalotes
- Sel, poivre

Garniture
- 12 oignons grelots
- 12 marrons
- 12 mini-navets
- 3 carottes
- 24 crosnes
- 50 g de beurre
- 25 g de sucre
- Sel, poivre

Sauce
- 6 dl de fond de veau (cf p. 25)
- 2 dl de porto
- 1 cl de cognac
- 2 échalotes
- 50 g de beurre
- 1 feuille de laurier
- Poivre mignonnette
- Thym

Terre humide et noire, forêts lumineuses des plaines. Dans les sous-bois de la forêt du Rhin, l'air se charge de douces effluves : le printemps offre au promeneur vigilant sa moisson de morilles. C'est l'occasion de tester cette recette de caille à la farce ferme et goûteuse : la morille, un de nos plus fins champignons printaniers, y associe sa saveur à celle, particulièrement délicate, des ris de veau.

Désossez les cailles par le dos. Préparez la farce : mixez la chair de volaille, la crème, les deux œufs. Salez et poivrez. Trempez les morilles lavées plusieurs fois. Faites suer les échalotes hachées. Puis ajoutez les morilles et les ris de veau coupés en gros dés. Laissez refroidir et mélangez à la farce.
Disposez dans les cailles désossées la farce aux morilles et aux ris de veau.
Reconstituez la forme de la volaille. Piquez la peau à l'aide de cure-dents, pour refermer la caille. Les saisir dans une poêle bien chaude. Terminez la cuisson au four 35 mn à 220°.
Ce plat s'accompagne de petits légumes.
Epluchez les oignons grelots, les carottes, les navets et les marrons. Pour les crosnes, mettez-les dans un torchon propre, le tenir serré sur la table, frottez, puis lavez-les. (Cuire séparément tous les légumes.)
Dans une poêle, les glacer ensemble avec le beurre et le sucre. Assaisonnez et gardez au chaud.
Enfin préparez la sauce : réduire aux trois quarts le porto et les échalotes hachées suées au beurre. Ajoutez le poivre mignonnette, le laurier et le thym. Mouillez avec le fond de veau. Réduisez et passez la sauce au chinois. Terminez avec le cognac et le beurre.

Vin conseillé : un bourgueil ou un saint-estèphe

Pie de grives

aux poires et aux raisins

Pour 6 personnes

- 12 grives
- 1 dl de porto
- 1 pincée de bicarbonate de soude
- 150 g de champignons de Paris
- 300 g de farce de porc
- 1 échalote
- 1 œuf
- 4 poires
- 300 g de raisins frais
- 50 g de raisins secs
- 100 g de noix
- 1 kg de pâte feuilletée
- Muscade
- Thym
- Coriandre poudre
- Sel, poivre

La croûte couleur de blé est ronde, pleine de saveurs secrètes. Les Britanniques sont friands de *pies*, gâteaux sucrés ou salés enrobés de pâte. Ici, la chair marinée de grive (ou de caille) exalte au sein d'une pâte feuilletée, fourrée de poires, de raisins secs, de noix et de farce de porc. S'il vous paraît trop fastidieux de désosser les grives, il est possible de les laisser telles quelles. A charge pour vos convives de les décortiquer dans leur assiette, comme il est d'usage pour les crustacés ! De toute manière, ce plat simple et copieux invite à la bonne franquette.

Plumez, flambez et videz les grives. Réservez les foies. Désossez les grives par le dos en les laissant entières. Faites-les mariner 24 h dans le porto et le cognac avec du bicarbonate de soude (cela attendrira légèrement la viande).
Pour réaliser la farce, mixez la farce de porc, les champignons poêlés au beurre avec une échalote hachée et l'œuf. Assaisonnez avec le sel, le poivre, la noix de muscade, le thym et la coriandre en poudre.
Pelez les poires et coupez-les en petits morceaux. Pelez les raisins frais, coupez-les en deux et épépinez-les. Trempez les raisins secs dans du cognac chauffé légèrement. Mélangez tous les éléments avec les noix.
Remplissez les grives avec la farce et reconstituez la forme de la volaille.
Etalez la pâte feuilletée et placez-la dans un moule à tarte. Disposez-y les grives et farcissez la tourte du mélange de fruits. Recouvrez d'une abaisse de pâte. Dorez à l'œuf. Faites une petite cheminée et faites cuire au four à 200°, thermostat 7 pendant 40 mn.
Accompagnez d'une salade verte.

Vin conseillé : un morey-saint-denis ou un irancy de Bourgogne

Pigeons au miel

et aux raisins

Pour 6 personnes

Pigeons

- 6 jeunes pigeons ramiers
- 3 dl de fond de veau (cf p. 25)
- 2 cuillerées de miel de fleurs
- 1 cl de vinaigre melfor ou vinaigre de miel
- 12 grains de raisin
- 12 noix
- Sel, poivre
- Vin blanc

Flan

- 100 g de foie gras
- 200 g de crème fraîche
- 3 œufs entiers
- 1 jaune d'œuf
- Sel, poivre

Pommes de terre grenaille

- 6 pommes de terre grenaille
- 100 g de crème épaisse
- Muscade
- Persil haché
- Sel, poivre

Clin d'œil de cuisinier : le pigeon, grand grappilleur de raisins, se retrouve ici accommodé aux fruits qu'il a trop aimés ! De quoi inventer une morale digne de Jean de la Fontaine... Mais la véritable devise à tirer de cette fable est « le pigeon, c'est bon » ! Dans cette recette, la saveur aigre-douce du vinaigre et du miel relève ce volatile d'une sauce tout à fait actuelle.

Pigeons au miel et aux raisins

Salez et poivrez les pigeons vidés. Les rôtir au four pendant 15 mn (s'ils sont jeunes), sinon les cuire dans une cocotte en fonte jusqu'à ce qu'ils soient tendres.

Dégraissez la cocotte et déglacez avec le vin blanc. Ajoutez le miel et caramélisez les pigeons en les enrobant entièrement.

Ajoutez les noix décortiquées, les grains de raisin pelés et épépinés, puis le vinaigre et le fond de veau.

Laissez mijoter quelques minutes, rectifiez l'assaisonnement.

Flan au foie gras

Mixez tous les ingrédients et assaisonnez-les.

Versez la préparation dans des ramequins préalablement beurrés.

Faites cuire au four 25 mn au bain-marie à 150°.

Pommes de terre grenaille

Enrobez les pommes de terre non épluchées dans du papier aluminium et les cuire à four doux pendant 40 mn.

Puis coupez le chapeau et évidez-les. Mélangez la chair des pommes de terre avec la crème. Salez et poivrez. Ajoutez le persil haché et râpez un peu de noix de muscade. Farcissez les pommes de terre et gardez-les au chaud.

Vin conseillé : un rouge d'Alsace ou un volnay

Baeckeoffe de pigeon

aux quatre saveurs

Pour 6 personnes

- 6 pigeons
- 1 kg de pommes de terre
- 500 g de carottes
- 200 g de céleris raves
- 100 g de céleris en branches
- 2 poireaux
- 6 endives
- 1 grosse tranche de lard fumé
- 1/2 l de sylvaner
- 50 g de sucre
- Laurier
- Grains de coriandre
- Thym
- Sel, poivre

Soulever doucement le couvercle lourd et brûlant. Humer avec délices les mille parfums qui s'en échappent. Se brûler le bout de la langue en grignotant subrepticement quelques morceaux trop chauds, prestement subtilisés lorsque la cuisinière a le dos tourné. Les menus plaisirs du baeckeoffe commencent bien avant l'assiette. Lorsque les pigeons remplacent les viandes classiquement utilisées, le bonheur est renouvelé ! Ce fin râgout a décidément beaucoup de charmes : les particularités de la préparation mêlent avec succès le salé, le sucré, l'acide et l'amer, pour un résultat surprenant. La recette initiale vaut d'être hardiment détournée et s'applique à beaucoup de volailles.

Salez et poivrez les pigeons. Dorez-les dans une casserole en fonte. Placez-les sur un plat et maintenez-les au chaud.
Faites revenir les oignons et le lard fumé coupés en morceaux. Ajoutez les légumes coupés (pommes de terre et carottes en rondelles, céleris rave et en branche), le laurier, le sucre, le thym, la coriandre.
Salez et poivrez. Laissez mijoter 5 mn et ajoutez le jus de citron. Mouillez avec le vin blanc.
Replacez les pigeons, couvrez et laissez mijoter 1 h à 1 h 30 suivant l'âge des pigeons. Réduisez le fond de cuisson si besoin.
Servez chaud sur une assiette en disposant les pigeons sur les légumes.

Pour la cuisson, vous pouvez également utiliser un grand plat à baeckeoffe.

Vin conseillé : un riesling grand cru

Mosaïque de venaison

Foie gras et légumes d'hiver

Pour 6 personnes

- 250 g de filets mignons de colvert, faisan, lièvre et chevreuil
- 250 g de foie gras d'oie
- 250 g de céleri rave
- 250 g de carottes
- 10 tomates
- 250 g de champignons sauvages (trompettes, cèpes) et champignons de Paris
- 100 g de feuilles d'épinard
- 1 l de gelée
- Huile d'olive
- Vinaigre balsamique
- Sel, poivre

Goûts et couleurs se mêlent dans une harmonie chantante. La mosaïque de venaison est de ces plats qui réjouissent l'œil autant que le palais. Un hymne gourmet à la nature, un mets fin et délicat approprié à toutes les occasions.

Pelez les tomates en les trempant 2 mn dans l'eau bouillante. Puis coupez-les en quatre et videz-les. Posez-les sur une plaque avec un filet d'huile d'olive.

Laissez sécher au four durant 30 mn à 150°, thermostat 4-5.

Poêlez dans de l'huile d'olive les champignons lavés et émincés. Salez et poivrez.

Faites cuire séparément les légumes et coupez-les en lamelles.

Salez et poivrez les filets mignons coupés en lamelles de 1 cm d'épaisseur. Saisissez-les vivement dans l'huile d'olive pendant quelques minutes et laissez refroidir.

Blanchissez les feuilles d'épinard lavées.

Chemisez une terrine avec les feuilles d'épinard.

Ajoutez successivement les légumes, les champignons, le foie gras coupé en tranches et les filets. Remplissez la terrine de gelée liquide au fur et à mesure.

Laissez refroidir au réfrigérateur 6 à 8 h minimum.

Tranchez délicatement. Servez avec une vinaigrette d'huile d'olive et de vinaigre balsamique.

Vin conseillé : un pinot blanc ou un champigny rosé

Escargots de venaison

Petite salade aux céréales

Pour 6 personnes

- 600 g de pâte feuilletée

Farce

- 300 g de chair de gibier (poitrine)
- 250 g de chair de porc
- 1 oignon
- 2 gousses d'ail
- 2 œufs
- Muscade, thym
- Coriandre en poudre
- Livèche fraîche ou maggi
- Sel, poivre

Salade

- 1 salade frisée
- 2 tomates
- 100 g de carottes
- 100 g de céleri
- Céréales : graines de sésame, lin, blé, pavot, flocons d'avoine, flocons d'épeautre
- Huile d'olive
- Vinaigre Melfor

Journées blanchies par le givre, courses éperdues dans les champs. Certains mets s'accordent plus particulièrement à des ambiances campagnardes. Pour les petits creux qui suivent une longue promenade ou pour les grandes fringales après une traque aux champignons, les célèbres *fleischnacke* (escargots de viande alsaciens) se parent ici d'une pâte feuilletée qui rend hommage à la farce de gibier, parfumée à l'aromatique livèche. Originale, cette version « chasseur » s'accommode parfaitement d'une agreste salade de céréales.

Préparez la farce : passez au hachoir ou au mixer les viandes, l'oignon préalablement revenu dans un peu d'huile, l'ail, les deux œufs et les épices. Mélangez énergiquement.
Etalez la pâte feuilletée sur 40 cm de long et 20 de large. Disposez la farce en respectant une même épaisseur, puis enroulez sur toute la longueur comme un biscuit roulé. Mettez le pain au réfrigérateur durant une heure.
Coupez le pain en tranches épaisses et enduisez de dorure (jaune d'œuf passé au pinceau). Enfournez à 190° pendant 20 mn.
Préparez votre salade en ajoutant les légumes taillés à votre convenance et les céréales à la salade frisée. Assaisonnez avec de l'huile d'olive et du vinaigre Melfor. Salez et poivrez.

Vin conseillé : un sancerre rouge ou un rosé de Marsannay

Potée de gibiers

Pour 6 personnes

- 2 choux verts
- 3 carottes
- 1 oignon
- 300 g de lard de poitrine maigre salée
- 400 g de gigot de marcassin
- 6 saucisses de gibier
- 6 boudins de perdreaux (cf p. 68)
- 3 suprêmes de faisans (cf p. 50)
- 3 clous de girofle
- Branche de thym
- Laurier
- Poivre mignonnette
- Sel
- 400 g de pommes de terre

Un trait distinctif des Alsaciens, au temps où la province était essentiellement rurale et l'art ménager compris comme le don de gérer l'économie du foyer, fut le talent d'accommoder les restes. De cette ingéniosité sont nées bien des recettes particulièrement gustatives qui comblent encore les gourmands de notre fin de siècle. Michel Orth a repris l'idée à son compte, et l'on retrouve dans cette potée les boudins et les saucisses qu'il nous propose ailleurs en plat complet. Cette recette compose un copieux plat unique, apte à combler les appétits les plus exigeants.

Emincez et suez les oignons dans un grand faitout. Ajoutez les choux coupés en six, lavés et blanchis au préalable (plongés dans de l'eau bouillante durant quelques minutes puis rafraîchis à l'eau), les carottes épluchées et émincées et les épices. Salez et poivrez.
Faites saisir le gigot et les suprêmes de faisans dans une poêle puis placez-les dans le faitout ainsi que le lard salé cru. Recouvrir d'eau froide et cuire 1 h à feu doux.
Pendant ce temps, faites cuire les pommes de terre en robe de chambre et épluchez-les.
Poêlez les saucisses et les boudins, coupez les viandes, disposez le chou sur les assiettes, les autres éléments autour (comme une choucroute).

On peut également ajouter du boudin noir.

Vin conseillé : un rosé de Loire ou un saint-amour

Saucisses de gibier

Pour 6 personnes

- 1 kg de viande de gibier (poitrine et/ou collet)
- 300 g de lard gras de porc
- 4 m de boyaux de porc
- 200 g de pain de mie
- 5 dl de lait
- 3 oignons
- 3 gousses d'ail
- Persil, thym
- Sel, poivre
- Muscade

Pour qui aime déguster knacks ou montbéliards, cette préparation à base de gibier diversifie de façon inédite cette gamme particulière de charcuterie. La saucisse de gibier est une création de Michel Orth particulièrement astucieuse : elle trouve aisément place dans de nombreux plats, donnant une touche originale à une choucroute, accompagnant la potée aux saucisses ou le faisan aux deux choux. N'hésitez pas à la mettre au menu de vos réjouissances.

Faites cuire 15 mn dans une casserole, les oignons et l'ail épluchés et émincés, le lait, la muscade, le thym, le persil, sel et poivre.
Ajoutez le pain de mie coupé, laissez tremper, puis refroidir.
Passez au hachoir tous ces ingrédients en y ajoutant la viande de gibier et le lard gras. Puis mélangez vigoureusement et rectifiez l'assaisonnement.
Faites tremper les boyaux quelques minutes dans de l'eau tiède afin qu'ils retrouvent leur élasticité. Garnissez de farce une poche avec une douille. Il est plus aisé de réaliser cette opération à deux pour faire glisser la farce dans le boyau. Fixez un mètre de boyau sur l'embout et faites glisser la préparation. Nouez les extrémités et formez des petites saucisses de 10 cm en tordant le boyau une fois vers vous à une extrémité d'une saucisse, puis dans l'autre sens à l'autre extrémité. Ficelez au besoin afin que le chapelet ne se déroule. Renouvelez l'opération avec les trois mètres de boyaux restants.
Faites cuire les saucisses 25 mn dans de l'eau frémissante à 80°. Puis les poêler dans du saindoux quelques minutes.

Ces saucisses se marient très bien avec les choux rouges aux pommes fruits et marrons, le faisan aux deux choux ou la potée de gibier.

Vin conseillé : un pinot noir d'Alsace ou un beaujolais

Lasagnes de gibier

Pour 6 personnes

Pâte à nouilles

- 500 g de farine
- 6 œufs
- 1 filet d'huile
- 2 pincées de sel

Béchamel

- 1/2 l de lait
- 40 g de beurre
- 40 g de farine
- 2 jaunes d'œuf
- Sel, poivre, muscade
- 100 g de gruyère râpé

Bolognaise de Gibier

- 700 g de viande de gibier (cerf ou biche ou sanglier ou chevreuil)
- 250 g de champignons de Paris
- 1 échalote
- 2 oignons
- 2 gousses d'ail
- 70 g de tomates concentrées
- 3 dl de vin rouge
- Huile d'arachide
- 2 cuillères de farine
- 2 pincées de girofle en poudre
- 2 feuilles de laurier
- 1 pincée de marjolaine
- 1 brin de thym
- Muscade, sel, poivre

Mandoline et soleil, les lasagnes sont filles d'Italie. La bolognaise de gibier relève d'une saveur sauvage ce plat d'une grande popularité.

Coupez la viande en petits dés ou utilisez le hachoir. Hachez les oignons et faites-les revenir dans l'huile. Ajoutez la viande, l'ail coupé, les épices. Salez et poivrez. Laissez colorer pendant 10 mn, ajoutez le concentré de tomates et la farine. Mélangez et laisser cuire quelques minutes, puis déglacez au vin rouge allongé d'eau jusqu'à recouvrir la viande. Portez à ébullition et laissez mijoter 1 h (si besoin rajoutez un peu d'eau).
Pendant ce temps, confectionnez la pâte à nouille. Versez la farine dans un plat creux. Creusez une fontaine, incorporez les œufs, l'huile et le sel. Pétrissez pour obtenir une pâte lisse. Puis étalez le plus finement possible. Coupez des morceaux de 10 cm sur 10, mettez-les dans l'eau bouillante salée avec un peu d'huile. Laissez cuire 10 mn, puis rafraîchissez-les à l'eau froide et égouttez-les.
Réalisez la sauce Béchamel : dans une casserole, faites fondre le beurre, ajoutez la farine. Remuez avec une spatule en bois. Versez le lait bouillant et continuez à remuer jusqu'à reprise de l'ébullition. Assaisonnez avec le sel, le poivre, la muscade. Terminez en ajoutant les deux jaunes d'œufs.
Lavez et émincez les champignons. Faites-les revenir dans du beurre.
Ajoutez les échalotes hachées. Salez et poivrez.
Disposez par couches successives les différents ingrédients dans un moule ou un plat creux en procédant de la manière suivante : les pâtes, la bolognaise de gibier, les pâtes, les champignons, la béchamel. Terminez avec le gruyère râpé. Enfournez et laissez cuire 15 mn, thermostat 6-7 à 200°.

Vin conseillé : un rully premier cru blanc ou un régnié

Rissoles, cotis et samosas

Pour 6 personnes

Rissoles

- 200 g farce de porc
- 200 g de viande de gibier hachée
- 150 g de maïs
- 2 cuillerées de curry
- 2 gousses d'ail
- 1 œuf
- Tabasco
- Sel, poivre
- 150 g de farine
- 150 g de chapelure
- 3 œufs battus

Cotis de marcassin

- 1,5 kg de cotis de marcassin
- 2 gousses d'ail
- 10 cl de vinaigre
- 1 pincée de coriandre
- 1 pincée de cumin
- 2 cuillerées de ketchup
- 2 cuillerées de miel
- Tabasco, sel, poivre

Samosas

- 200 g farce de porc
- 250 g farce de gibier
- 4 oignons
- 2 gousses d'ail
- 50 g de gingembre
- 1 cuillerée de ketchup
- Muscade, tabasco
- Girofle moulu
- Cannelle en poudre
- Sel, poivre

Pâte à samosas

- 250 g de farine de soja
- 5 g de sel
- 4 cl d'huile
- 12 cl d'eau chaude

**La cuisine du Levant a la particularité de nous faire savourer durant le même service plusieurs plats différents.
N'hésitez pas à présenter ensemble ces trois plats qui allient le croustillant et le moelleux, le sucré et le salé.**

Rissoles de gibier au maïs et au curry

Mélangez énergiquement tous les ingrédients pour la préparation des rissoles.
Roulez-les et formez des boules. Farinez-les et passez-les dans les œufs battus. Ensuite roulez-les dans la chapelure et faites-les frire à 160°.

Cotis de marcassin laqué

Faites cuire dans un bouillon les cotis de marcassin coupés régulièrement, durant 1 h.
Dans une poêle huilée, faites saisir les morceaux de cotis. Salez et poivrez.
Dégraissez la poêle. Ajoutez le miel, le ketchup, l'ail haché, une pincée de coriandre en poudre, une pincée de graines de cumin et cinq gouttes de tabasco.
Faites caraméliser à feu doux, puis déglacez avec le vinaigre, laissez réduire et enrobez le tout.

Samosas

Mélangez énergiquement tous les ingrédients pour la préparation des samosas.
Mélangez et travaillez la pâte pendant 10 mn. (Elle doit avoir la consistance d'une pâte à nouilles.)
Laissez reposer 1 h.
Etalez la pâte en une longue bande. Mettez la farce à un bout, puis pliez trois à quatre fois. Frire à 160°.

Vin conseillé : un tokay pinot gris ou un sauterne

Amuse-bouches

Ces amuse-bouches préparés à base de viande de gibier sont réalisés à partir d'ingrédients utilisés dans les recettes présentées tout au long de ce livre. Il vous suffira de vous reporter aux pages indiquées.

Morilles farcies
Lavez les morilles. Les cuire et les farcir de farce de boudins de perdreaux cuits à la vapeur. (Voir recette boudins de perdreaux p. 68.)

Feuilletés de gibier
Etalez la pâte feuilletée assez fin. Y découper des petits cercles. Les dorer à l'œuf battu. Disposez un morceau de farce de gibier au centre. (Voir recette terrine de marcassin p. 38.) Recouvrir d'un rond de pâte feuilletée. Pincez les bords et repasser à la dorure. Cuire au four à 195° pendant environ 8 mn.

Tartelettes de salade de biche
Coupez en petits dés la viande cuite de biche ainsi qu'une carotte cuite. Assaisonnez de mayonnaise, ketchup, sauce worchester, tabasco, vinaigre, sel et poivre. Disposez cette farce dans les petites tartelettes de pâte brisée salée.
Terminez avec un peu de ciboulette hachée.

Pruneaux au lard et au lapin
Dénoyautez les pruneaux secs et remplacez le noyau par un morceau de filet de lapin. Les enrouler dans une tranche de lard. Piquez l'ensemble à l'aide d'un cure-dent en bois. Rôtir au four à 200° pendant 10 mn.

Jambonettes de pommes de terre au jambon de marcassin
Coupez de fines lamelles de jambon. Les enrouler sur un bewespatzle. Piquez avec un cure-dent en bois et chauffer au four. (Recette de bewespatzles, voir baron de chevreuil p. 58.)

LAPIN ET LIÈVRE

BICHE

CHEVREUIL

CERF

MARCASSIN

SANGLIER

Table des matières

FAISAN

CANARD

PERDREAUX

CAILLE, GRIVE ET PIGEON

VENAISON ET GIBIERS DIVERS

Achevé d'imprimer en avril 1996 sur les presses de Saint-Paul France S.A.
55000 Bar le Duc
Dépôt initial : août 1995 – Dépôt légal : avril 1996 – N° 3-96-0335